AF257233

LES

GENS DE COUR,

LE CLERGÉ

ET LA NOBLESSE

ONT FAIT LA RÉVOLUTION.

Prima libertatis origo.

A ROUEN,

De l'Imprimerie de Vt. Guilbert & Herment, rue
Nationale, emplacement des Cordeliers;

Et se vend,

A Rouen, chez ledit Vt. Guilbert, rue Nationale.
A Paris, chez Laran, libraire, au Palais Egalité;
& le Lemaire, rue d'Enfer, n°. 141.

AN VIe,

LES GENS DE COUR, LE CLERGÉ ET LA NOBLESSE ONT FAIT LA RÉVOLUTION.

JE n'entreprendrai point de remonter aux caufes éloignées de la révolution françaife ; je ne les obferverai qu'à partir de l'inftant où les Gens de Cour, la Noblefle & le Clergé (1) ont

---

(1) Je préviens que, quand je me fers des termes généraux , *les Gens de Cour , la Noblefle & le Clergé*, je n'entends pas appliquer ce que j'en dis à chacun des individus qui en faifoient partie ; je fais qu'il y en a beaucoup qui ont gémi de l'aveuglement qui entraînoit leur cafte ; il y a des citoyens très-eftimables qui méritent la confidération & la reconnoiffance publique, qui en ont fait partie : ce que je dirai en général , ne doit donc être pris comme perfonnel par qui que ce foit.

Il ne faut pas non plus qu'on entende la ci-devant

été appellés pour la prévenir : je veux faire voir que ce font eux qui l'ont amenée & conduite dans tous les points par lesquels elle a paffé.

Depuis Louis XIV , les finances étoient ruinées : les moyens défaftreux dont on fit ufage pour les foutenir fous Louis XV , ne firent qu'augmenter le mal. A fon avénement au trône , Louis XVI les trouva dans un dénuement abfolu.

Necker s'étant introduit, quelques années après , au miniftere , fit croire qu'au moyen d'un agiot , & par des emprunts , il viendroit à bout de les rétablir ; mais, comme plus on emprunte , plus on s'endette , il aggrava plutôt qu'il ne diminua la maffe : il fut renvoyé.

Calonne, appellé depuis aux finances, conçut enfin qu'on ne pouvoit pourvoir d'une maniere ftable aux befoins d'un Gouvernement, que par un revenu fixe , égal à fes dépenfes. Il conçut en même-temps que ce revenu ne pouvant fe former que par les impôts déjà trop accablants,

---

Nobleffe ou le Clergé raffemblés en corps & en maffe ; quand je dis *les gens de Cour, la Nobleffe & le Clergé,* cela fignifie que les chofes fe font faites par des gens de cette cafte ; que c'eft de fes membres que font fortis tous les actes , tous les confeils qui ont conduit la révolution où elle en eft venue.

on ne les porteroit jamais à un taux fuffifant ;
tant que les deux claffes les plus opulentes, le
Clergé & la Nobleffe, feroient à l'abri d'une
partie des contributions générales. Il ne trouva
donc de reffource que dans une fubvention ter-
ritoriale, dont perfonne ne feroit exempt ; &
dans l'établiffement d'un droit de timbre qui,
par fa nature, ne pefe définitivement que fur
les plus riches (1).

Les Parlements, où l'ufage avoit introduit d'a-
dreffer les Edits des Rois pour être enregiftrés
& publiés, & qui fe prétendoient en droit de les
refufer quand ils le jugeoient à propos, étoient
un obftacle qu'il prévoyoit. Ces hommes de
robe, dans l'origine fimples *Clercs-Rapporteurs*,
fans voix délibérative (2), devenus enfuite,
après la retraite des Barons, Juges amovibles,
que la vénalité des Offices rendit enfin perpétuels, s'étoient rendus, avec le temps, des Corps
rivaux de la Puiffance royale ; ils avoient pris
un efprit d'oppofition à toutes les mefures du
Gouvernement , qu'ils avoient répandu dans

______

(1) Je ne prétends pas faire ici l'éloge de la moralité
de Calonne ; il put mériter le reproche de frippon qu'on
lui fit affez généralement , mais fes vues financieres étoient
plus faines que celles de Necker.

(2) Des favants ont même prétendu qu'ils furent d'a-
bord pris dans la condition fervile.

toutes les claffes. Quand il s'agiffoit d'Edits qui pouvoient faire contribuer leurs terres , comme ils acquéroient la Nobleffe avec leurs Charges , & participoient à fes privileges (1) , on étoit fûr de rencontrer chez eux une réfiftance in-furmontable.

Ce Miniftre crut trouver plus de générofité & de raifon dans les perfonnes même les plus diftinguées de la Nobleffe : les Etats-Généraux étoient tombés depuis long-temps en défué-tude. On craignoit de les reffufciter. Il effaya donc d'y fuppléer , & de fe paffer des Parle-ments , en convoquant une Affemblée de *Nota-bles* , compofée de la Haute-Nobleffe & du Haut-Clergé , auxquels on joignît les Premiers Pré-fidents & Procureurs Généraux des Cours de Judicatures , & les Maires de quelques Com-munes principales , pour qu'on ne dit pas que le Tiers-Etat eût été entierement mis de côté.

Calonne montra toute l'énormité du mal.

---

(1) Quoi de plus abfurde que d'avoir fait , de ces Offices & de beaucoup d'autres , une fabrique de privi-légiés perpétuels , dont l'augmentation effrayante fur-chargeoit de plus en plus ceux qui reftoient contribua-bles ! Qu'on eût accordé des lettres de nobleffe à un Magiftrat qui fe feroit diftingué dans fon état, paffe ; mais à tant d'incapables !

Perſonne n'y fut ſenſible. La ſubvention ter-
ritoriale qui devoit porter ſur tous également,
ne fut pas du goût d'hommes accoutumés à ſe
ſouſtraire à la majorité des charges publiques.
Les Gens de Robe chicanerent, le Clergé cria,
les Courtiſans rirent ; on baffoua , on rejetta
les projets, ſans examiner s'il y avoit d'autres
moyens : on couvrit le Miniſtre d'une telle défaveur & d'un tel opprobre , que ne ſe croyant
plus en ſûreté en France , il prit le parti de
fuir. On s'en retourna chez ſoi , s'applaudiſſant
de voir le Gouvernement dans le déſaroi : le
ſeul ſentiment qu'on éprouva , fut la curioſité
de ſavoir comment il pourroit s'en tirer (1).

Tout fut alors dans la confuſion. Loménie
de Brienne, appellé quelque temps après au
miniſtere , ne trouva pas d'autres reſſources.
On voulut préſenter les Edits aux Parlements :
ils répondirent , *qu'aux Etats-Généraux ſeuls*

---

(1) Aveuglement incroyable ! On ne vit pas qu'un
Etat ne peut ſubſiſter ſans avoir de quoi ſubvenir à ſes
beſoins ! On ne ſe rappella pas la fable des Membres &
de l'Eſtomac , qui périrent pour n'avoir pas voulu lui
fournir les aliments. La claſſe des Nobles & du Clergé ,
plus intéreſſée au maintien du Gouvernement , dont elle
tiroit tant d'avantages & d'honneurs , ne ſentit pas qu'elle
perdoit le plus s'il venoit à s'écrouler ! Mais la légereté ,
l'orgueil , l'avarice , les paſſions , les préjugés , ne rai-
ſonnent point.

appartenoit le droit de consentir les impôts. Il faut avouer que ces compagnies avoient attendu bien tard à s'éclairer sur la limite de leur compétence : ils ne croyoient pas alors qu'on osât jamais convoquer ces grandes Assemblées, & ne voyoient pas qu'ils y forçoient.

Loménie & le Garde-des-Sceaux Lamoignon, s'associerent pour réduire cette Puissance parlementaire. On chercha dans les annales de la Monarchie quelqu'institution antique, depuis long-temps oubliée, qui pût, sans recourir aux Etats-Généraux, suppléer, dans l'esprit du peuple, à l'autorité accoutumée des Parlements, dont tout le monde, dans le fond, haïssoit la tyrannie & l'oppression. On trouva que, dans des temps très-reculés, nos anciens Rois avoient tenu *des Cours Plénieres*, composées des grands du Royaume. Il n'est pas bien certain si elles avoient pour objet les affaires de l'Etat, ou simplement des *Tournois* & *des Fêtes de Cour*; n'importe, le nom avoit quelque chose d'imposant : on minuta des Edits pour les ressusciter & leur attribuer la vérification des Lois. C'étoit remettre encore une fois le fort de l'Etat entre les mains de la Haute-Noblesse, qui devoit composer cette *Cour Pléniere*; mais la liberté & l'égalité des droits avoient besoin de son aveuglement pour s'établir, &

le Ciel lui fafcina les yeux. On avoit cherché en même-temps à rendre agréable le nouvel ordre qu'on propofoit, en rapprochant les Tribunaux des jufticiables, par le changement des Préfidiaux en *Grands-Bailliages*, dont on augmentoit la compétence en dernier reffort.

Les Parlements refuferent d'enregiftrer ces Edits, qui les réduifoient à leur fimple état de Juges, & diminuoient le nombre de leurs *épices* (1). Leur exil s'enfuivit, fans produire aucun effet. (2) Les Grands-Bailliages qui, par eux-mêmes, étoient avantageux, ne prirent

---

(1) Ce mot *épices*, vient de ce que, dans l'origine, la juftice fe rendoit gratuitement. Les Clercs - Rapporteurs ou Juges, n'avoient pas de taxes ; mais ceux qui gagnoient leur procès, leur faifoient, par reconnoiffance, quelques préfents d'épicerie. L'ufage convertit , avec le temps, ces préfents en droits , qu'à la fin ces meffieurs avoient grand foin d'exiger.

(2) Comment cela auroit-il pu en produire ? Ces mefures avoient été tant de fois prifes, & les Rois avoient tant de fois molli, que les Parlements s'en faifoient un jeu. C'étoit une premiere faute qu'on avoit fait faire à Louis XVI , de les rappeller lorfqu'il parvint au Trône. Les tracafferies & les vengeances qu'ils exerçoient à leur retour contre tous ceux qui n'avoient pas pris leur parti, les faifoit plus craindre que le Gouvernement , qui perdoit toujours de la confidération à proportion de ce qu'il fourniffoit de ces occafions de triomphe à fes ennemis.

point ; on ne voulut pas y aller demander la juſtice. La Cour Pléniere ne tint point ; la ſubvention néceſſaire aux beſoins n'eut point lieu. Ce furent des plaiſanteries univerſelles : il ſembla voir des écoliers contents, & rire entr'eux d'avoir fait une eſpiéglerie à leur maître. Perſonne ne voyoit plus loin, & ne s'embarraſſoit de ce que cela deviendroit.

On aſſure que le Miniſtre Loménie, voyant les choſes déſeſpérées, demanda ſa retraite, & conſeilla lui-même au Monarque de rappeller Necker qui, par ſa méthode des emprunts, n'avoit point eu de ces chocs à ſouffrir. Il reparut donc. Mais cette voie ruineuſe, qui n'a qu'un terme court, étoit épuiſée ; n'oſant, ou plutôt ne pouvant la reproduire, il ne fit que s'emparer des projets de ſes prédéceſſeurs. La difficulté étoit de parvenir à en obtenir l'exécution.

Calonne & Loménie avoient cherché à éviter la convocation des Etats-Généraux, dont ils craignoient le réſultat pour l'autorité royale avilie. Necker, auſſi vaniteux, qu'il étoit peu capable de ſoutenir le fardeau de cette circonſtance délicate, ſe croyant, d'après ſon rappel, le plus grand homme d'état, le politique le plus profond, penſa qu'il tiendroit dans ſa main, & feroit agir à ſon gré les reſſorts de cette énorme machine. Il ne balança pas de conseiller leur convocation.

Il n'oublia pas néanmoins ce qui pouvoit tendre à son but. La Noblesse & le Clergé l'avoient mis à portée de connoître leur esprit sur le point des privileges pécuniaires ; il sentit aisément que si les Etats-Généraux délibéroient par Ordre, les deux privilégiés anéantiroient toutes les propositions qui pourroient être faites par le troisieme : il pensa donc à faire donner au Tiers une influence égale aux deux autres, en lui accordant une représentation double en nombre, & en mettant en avant le systême de délibérer par têtes, & non par Ordre, au moins pour les impôts. Cela étoit adroit. Necker s'attachoit le *Tiers* qui lui avoit l'obligation de cet avantage. Le *Tiers* étant à lui, quelques dépendances de la Cour, ou quelques faveurs à en espérer, devoient lui faire aisément trouver, dans les deux autres Ordres, des voix qui lui assureroient la prépondérance (1).

---

(1) On a prétendu que c'étoit ce conseil de convoquer les Etats-Généraux, & d'y donner une influence égale au *Tiers*, qui avoit été la cause de la révolution. Necker ne prit point librement cette détermination ; elle fut forcée par la circonstance. Il étoit devenu impossible de soutenir le Gouvernement, sans vaincre l'obstination des deux premiers Ordres à tenir à leurs priviléges ; & d'après les

Les Etats-Généraux s'affemblerent fur cette bafe. Dans ce moment, les Plébéïens ne vouloient que l'abandon des privileges pécuniaires: quelques réformes de peu d'importance dans l'adminiftration & la juftice, & ils euffent cru avoir tout gagné. Les deux autres Ordres devoient prévoir qu'ils alloient avoir un choc terrible à foutenir, qui les forceroit de venir à cet abandon, dont ils n'auroient plus le mérite. S'ils euffent généreufement fait, je ne dirai pas ce facrifice, mais cet acte de juftice, tous les débats étoient terminés ; le Tiers n'eût pas même tenu à la délibération par têtes. On s'obftina. Dans la lutte qui s'ouvroit, la partie plébéïenne étoit foutenue par l'opinion de la Nation toute entiere, révoltée que les claffes les plus opulentes vouluffent fe fouftraire à des

tentatives qu'on avoit faites, il n'y avoit pas d'efpoir de la furmonter autrement. Cette détermination ne fut donc qu'un effet de cette caufe premiere. Ce fut l'intention manifeftée des deux premiers Ordres, de conferver des priviléges injuftes, incompatibles avec les befoins, qui força à adopter la mefure qu'on prit. Ce n'eft donc pas à Necker, mais à elle-même, que la ci-devant Nobleffe & le Clergé doivent imputer les fuites. Si Necker n'eut pas été contrarié par elle, s'il eût eu un Monarque plus ferme, il eût fauvé la Nobleffe malgré elle : ce fut en le contrariant qu'elle fe perdit.

charges qu'on faifoit fupporter à la moins riche.

Les Gens de Cour, les Eccléfiaftiques & les Nobles, eurent recours à l'intrigue ; ils engagerent le foible Monarque à tenir cette féance royale qui entraîna après elle cette autre plus fameufe du Jeu de Paume. L'effervefcence s'empara de tous les efprits, &, comme cela devoit être, commença à donner au *Tiers* une force qu'aucune autre ne pouvoit plus furmonter. Toute la France le regarda comme fon appui, & les deux autres Ordres comme fes ennemis & fes oppreffeurs. Le Pouvoir royal, compromis dans cette imprudente démarche, fut obligé de plier, & il ne lui fut plus poffible de fe relever. Qui amena les chofes à cet état ? L'imprudence des Gens de Cour, de la Nobleffe & du Clergé.

Cette premiere leçon devoit les rendre plus fages ; elle n'opéra que de nouvelles fottifes. Les deux Ordres tenterent de paralyfer les Etats-Généraux, en faifant fciffion ; le *Tiers* fe déclara Affemblée Nationale, indépendamment de leur refus de fe réunir. Ils furent obligés de fe foumettre & de délibérer par têtes : nouvelle défaveur qu'ils fe donnerent fans profit, & qui augmenta le mépris du peuple pour eux.

Chaque pas fut une nouvelle école. Paris étoit dans un état d'effervefcence qui ne faisoit cependant pas encore explosion; il falloit le calmer. Les Gens de Cour, les Nobles & le Clergé font la faute d'engager le Monarque à chasser Neker, qui avoit fait convoquer les Etats-Généraux, & à faire assembler une armée de 45,000 hommes ; ce qui fut exécuté. Le Peuple qui vit qu'on renvoyoit le Ministre qui, dans ce moment, avoit acquis sa faveur, & qu'on ne pouvoit assembler cette armée formidable que pour opprimer l'Assemblée Nationale & la rompre, devint furieux.

Pour mettre le comble à son exaltation, le Prince de Lambesc, à la tête de ses Dragons, vint faire une incursion dans les Tuileries, y sabrer des citoyens paisibles qui s'y promenoient. Cette atrocité souleva tout Paris, qu'on vouloit effrayer : elle occasionna la prise de la Bastille, fit couler le premier sang, couper & promener sur des piques les premieres têtes. L'armée se débanda ; ses débris traverserent le Royaume en fuyant. La Cour fut forcée de rappeller Necker. Cette commotion partie du centre, remua la France jusqu'à ses extrêmités ; elle s'arma toute entiere, les têtes exaltées ne virent plus dans les Nobles & le Clergé que des tyrans perfides. Cet état de choses fut le résultat du conseil insensé, que les Gens de Cour, la Noblesse & le Clergé donnerent au Monarque irrésolu.

Quand une fois les digues font rompues, que le Peuple eft forti des regles , qu'il a fait l'affai de fes forces, il ne connoît plus de frein. C'eft un corps compofé de millions de têtes qui le conduifent dans tous les fens, & fa maffe devient terrible dans les mains de gens habiles qui s'emparent de fes mouvements. Les Gens de Cour, la Nobleffe & le Clergé, ouvrirent donc dans ce moment la carriere aux factieux qui voudroient s'y lancer, & rendirent la compreffion très-difficile à ceux qui ne vouloient que le bien général.

Les revers caufent de la divifion parmi les alliés ; les deux premiers Ordres l'éprouverent bientôt. La Nobleffe forma le projet de facrifier le Clergé, dont l'opulence faftueufe & les mœurs peu chrétiennes excitoient depuis long-temps l'envie & le fcandale. Cette idée avoit du bon ; le Clergé étoit une branche parafite dans le grand arbre de l'Etat : il n'avoit ni ancêtres ni defcendants de fon chef. C'étoit un chancre fans ceffe renaiffant des humeurs pareffeufes du corps focial , qui s'attachoit aux parties les plus graffes de fa chair, & qu'il rongeoit fans rien produire pour fon exiftence.

Les Eccléfiaftiques s'apperçurent du projet Nobilier , & réfolurent d'entraîner dans leur chûte la Nobleffe qui les trahiffoit. De là ces

féances du 4 Août & jours fuivants, où le régime féodal fut déclaré détruit, les dimes
anéanties, les privileges pécuniaires abolis, &c.
On fit alors, par rivalité, bien au-delà de ce
qu'on eût demandé dans l'origine : on fit même
ce que le *Tiers*, tout puiffant qu'il étoit devenu, n'auroit ofé demander encore. Il faut le
dire auffi ; on s'imagina plaifanter. On eut la
préfomption ou la folie de croire qu'à force
d'abandons, on feroit regarder la chofe comme extravagante : on vouloit lui donner du ri-
dicule. Elle entraîna bientôt férieufement l'ex-
propriation des Eccléfiaftiques , l'abolition de
tous les titres héréditaires des Nobles. Ce fut
par les fottifes de la Nobleffe & du Clergé
qu'on amena les efprits à ce point de vérité
éternelle , que la nature ne produit qu'une
feule efpece d'hommes égaux *en droits* , &
que, fi dans quelqu'état focial il s'en trouve de
différents , c'eft une ufurpation de l'aftuce &
de la violence fur l'impéritie & la foibleffe.
La marche prompte vers ces maximes & leur
adoption , furent les fruits de la conduite
qu'avoient tenue les Gens de Cour , la Nobleffe
& le Clergé.

Plus les deux Corps privilégiés faifóient de
fautes , plus la rage de les avoir faites les rendoit imprudents. Toute la France avoit pris la
cocarde

cocarde tricolore , & commençoit à parler de liberté. Les Gens de Cour , la Nobleſſe & le Clergé , crurent encore qu'ils pourroient uſer de moyens de force : on voulut exciter la Maiſon du Roi à la compreſſion de cet élan. Il y eût des orgies à la Cour. La Reine parut dans un repas donné aux Gardes , diſtribua des cocardes blanches , & on annonçoit des projets ſiniſtres qui faiſoient craindre pour la ſûreté de l'Aſſemblée. Le peuple de Paris ſe porta à Verſailles ; il s'y commit de nouveaux excès , dont la Reine elle-même penſa être la victime (1).

Néanmoins, l'Aſſemblée Nationale transférée à Paris, poſoit les principes du Gouvernement. Le Clergé fournit une autre matiere à l'inflammation qui paroiſſoit diminuer. On fit des Lois

____

(1) Comme il y a eu ſur cette ſcene différentes verſions, comme le mouvement a été imputé par quelques-uns dans le temps , à une faction qui commençoit à naître , j'ignore ſi les faits qui donnerent lieu à l'événement étoient vrais , faux ou exagérés ; ils n'en juſtifient pas moins ce que j'ai dit : s'ils étoient vrais , ce qui arriva démontre que l'inconſéquence de la Cour exaſpéroit continuellement les eſprits ; s'ils étoient faux , & fait voir combien les Gens de Cour , la Nobleſſe & le Clergé avoient eu de tort de les exaſpérer précédemment , puiſqu'ils avoient mis les factieux en état de profiter de cette poſition.

B

qui régloient fon état civil : il n'y étoit quef-
tion ni du dogme, ni de la croyance, mais feu-
lement de fon ordre focial. Ses fubterfuges & fes
principes firent qu'on exigea de tous ceux de
fes Membres exerçant un miniftere public, un
ferment civique. Il confiftoit à promettre d'être
fidele à la Nation, à la Loi & au Roi ; de main-
tenir de tout leur pouvoir la Conftitution du
Royaume, acceptée par le Roi. Il n'y avoit là
rien de contraire à la Religion, qui veut qu'on
obéiffe aux Lois & aux Princes. Tout le Haut-
Clergé le refufa, & entraîna avec lui une partie
du Clergé du fecond ordre : par là tout ce Haut-
Clergé s'afficha perturbateur, ennemi de l'Etat
dans lequel il étoit confervé, & où perfonne ne
peut avoir d'exiftence, fans être foumis à fes
Réglements. Le Clergé, en diftinguant le Prê-
tre d'avec le Citoyen, établit un fchifme : il
éleva une guerre de fanatifme, qui ne fit que
fournir une nouvelle matiere à l'exaltation.

Au milieu de ces orages, la nouvelle Conftitution s'établit, à la vérité, fur la parfaite égalité des droits ; mais on ne penfoit nullement
à changer le Gouvernement monarchique ; ou
fi quelqu'un en avoit l'idée, elle étoit telle-
ment ifolée, qu'on ne pouvoit pas la compter.
Un nouvel évenement, confeillé toujours par
les Gens de Cour, la Nobleffe & le Clergé,

qui obfédoient & gouvernoient le Monarque; faillit, dès ce moment même, de culbuter le trône. Le Roi part clandeftinement avec fa famille, & fe dirige vers les frontieres, où des troupes l'attendoient. Il fut reconnu, arrêté, ramené à Paris, efcorté d'un peuple immenfe, & réintégré dans fon Palais. Si l'Affemblée conftituante l'eût voulu, la Monarchie n'exiftoit plus. Il y avoit des hommes parmi elle qui manifefterent alors la penfée de la République; mais la maffe ne changea point de principes, & la Conftitution s'acheva en confervant le Monarque. L'imprudence des Gens de Cour, de la Nobleffe & du Clergé qui le confeilloient, ne put encore le renverfer (1).

C'étoit beaucoup pour les Nobles, qu'on eût laiffé fubfifter la Monarchie. La Nobleffe, quoiqu'anéantie de nom, n'avoit en effet perdu que des titres vains, des joujoux, de la fumée, des cordons. Le Monarque reftant le difpenfateur de toutes les faveurs, de prefque tous les emplois, fur-tout des plus honorables & des plus lucratifs, cette Nobleffe, en poffeffion de l'approcher, avoit auprès de lui, comme avant, la

---

(1) Il eft néanmoins vrai que cela lui retira toute la confiance nationale, & que, depuis ce moment, on le regarda généralement comme un fourbe, qui annonçoit des intentions populaires qu'il n'avoit point.

recommandation des fervices de fes ancêtres, la diftinction de leurs noms. La Haute-Nobleffe en particulier ne facrifioit rien. Que faifoit aux Montmorency & autres de ce genre, d'être les plus anciennes familles connues & les plus anciennement diftinguées d'une cafte particuliere, ou d'être les plus anciennes familles connues, & les plus anciennement diftinguées de toute la France ? Dans la pofition où on avoit amené les chofes, il ne reftoit donc qu'un parti ; c'étoit de fe rallier au maintien du nouvel ordre dans lequel on trouvoit la jouiffance de fes richeffes, l'efpoir des emplois , un grand avantage aux Nobles pour les obtenir d'une Cour habituée à les leur conférer de préférence.

Que font-ils ? Au lieu de fuivre ces impul-fions fages , à peine la Conftitution de 1791 eft-elle achevée , que la plus grande partie émi-gre, & va folliciter les Puiffances voifines de s'armer pour leur caufe (1).

------

(1) Criminelle extravagance ! Pouvoient-ils croire que les étrangers fe battroient uniquement pour faire exifter des Nobles en France ? Quand un Etat appuie les diffen-tions intérieures d'un Etat voifin , n'eft-ce pas toujours pour en profiter, l'affoiblir & s'aggrandir à fes dépens ? Pitt s'embarraffoit-il des Nobles ? Non ; mais il vouloit que la France fe déchirât elle-même. Il foudoyoit le parti d'Orléans ; il a foudoyé tous les partis, & s'eft moqué des

Cette fureur d'émigration devient bientôt presque générale dans toute la Caste nobiliaire de tous les étages : hommes, femmes, enfants s'acheminent vers Coblentz. L'épouse contraint son époux à partir ; le pere chasse son fils de ses foyers, on marie des filles à condition que le gendre émigrera le lendemain de la noce. Les trois quarts de ceux qui ont été attaqués de cette épidémie d'émigration , n'ont, je le crois, été entraînés que par légereté, par ton, par vanité, par mode. Ce n'a pas moins été le germe & la cause de la seconde révolution. La Noblesse , après avoir fait la premiere par sa résistance, a fait la derniere par sa fuite.

D'abord le Monarque avoit besoin de rétablir la confiance : ces émigrations ont servi à le rendre plus suspect. On n'a pu croire qu'elles eussent eu lieu, si, sous main, ceux qui s'y livroient n'eussent pas été certains de son vœu.

Lorsque le peuple ensuite a vu les Puissances voisines assembler des troupes vers nos frontieres, les inquiétudes ont augmenté. Il a craint l'intelligence entr'elles & le Roi , qui disposoit du commandement des armées qu'on de-

---

émigrés, qu'il a sacrifiés dans toutes les occasions. Ils ont été les instruments, le jouet & le mépris de toutes les Puissances , qui finissent par les chasser lorsqu'elles n'ont plus besoin d'eux pour troubler.

B 3

voit oppofer aux forces étrangeres. L'établiffement & l'acceptation de la Conftitution devoit ramener les efprits au calme ; l'émigration
les agita encore plus qu'ils ne l'étoient avant.

On donnoit, par cette conduite, la facilité à ceux dont l'opinion politique penchoit
pour la République , ainfi qu'aux ennemis
de tout Gouvernement, dont l'ambition n'a-
voit pour but que le trouble (1), de main-
tenir cette agitation populaire, de perfuader à
la maffe que Louis XVI s'entendoit avec les
ennemis ; que tant qu'il y auroit un Roi, on
feroit toujours trahi. Il étoit de même aifé d'in-
finuer que le Clergé *infoumis* , & la partie de
la Nobleffe reftée en France, étoient d'accord
avec les émigrés ; qu'ils travailloient de con-

____

(1) Il faut bien diftinguer , dans la révolution, les
hommes qui dans l'origine vouloient une République ,
organifée fur les principes de l'égalité des droits & d'une
liberté foumife aux Loix, d'avec ces êtres fanguinaires ,
qui , fous le prétexte de la République & de la liberté ,
ne vouloient que la licence & le défordre. Les premiers
méritent *l'eftime* des citoyens, les autres en font l'horreur.
Mais ces derniers pouvoient , auffi bien que les premiers, s'emparer de l'exaltation du peuple, & s'en fervir
en l'égarant pour opprimer fes amis comme fes ennemis.
C'eft ce qui eft arrivé. La tyrannie anarchique nous a
dévoré pendant dix-huit mois , jufqu'à ce qu'enfin elle
foit tombée avec Roberfpierre.

cert pour le renverſement du nouvel ordre ; pour remettre le peuple , avec un empire plus dur , dans l'ancienne oppreſſion , qui lui étoit d'autant plus odieuſe , qu'il ne faiſoit que de s'en délivrer.

Falloit - il même que quelqu'un foufflât ces idées ? Ne naiſſoient-elles pas d'elles-mêmes ? La fuite précédente du Roi à Varennes ne dé-couvroit-elle pas ſon peu de ſincérité ? Pou-voit-on penſer qu'il n'eût pas fait rentrer ſes freres , s'il le leur eût franchement & ſérieuſe-ment ordonné ? Il avoit fait des proclamations, rendu publiques des lettres d'invitation au re-tour ; mais n'avoit-il pas précédemment fait des déclarations ſolemnelles , lorſqu'il méditoit & exécutoit un projet qui les démentoit ? Etoit-il aiſé de croire que les peres , les fils , les freres , les femmes , les ſœurs & autres pa-rents , demeurés en France , des émigrés, qui avoient un intérêt commun , ne favoriſaſſent pas leurs projets ? Tout préſentoit au peuple qu'il étoit entouré d'ennemis, de traîtres : les émigrés eux-mêmes à ſa place n'auroient pas autrément penſé.

On ſe plaint après cela des convulſions qu'a opéré cette ſituation. Faut-il donc s'étonner que le feu prenne quand on jette continuelle-ment des charbons ardens dans une matiere

inflammable ? Qui ne fait pas que le peuple
eſt de ce genre ? On lui donne les inquiétudes
les plus fondées ; on lui fait craindre l'enva-
hiſſement de ſon pays ; on le mene à croire
que celui chargé de ſa défenſe eſt lui-même
complice de l'oppreſſion qui le menace ; tout
lui préſente autour de lui des affiliés, tenant
par les intérêts & les liens les plus forts, à ceux
qui lui attirent ces calamités ; & on ne veut
pas qu'il s'exalte quand on l'a exalté : on veut
qu'il ſoit tranquille ! L'animal entouré par les
chaſſeurs, devenu furieux par le danger, ne
frappe-t-il pas à tort & à travers ſur tout ce
qu'il rencontre à ſon paſſage ? &, dans l'idée
de ſa conſervation, n'immole-t-il pas à ſes
ſoupçons inquiets tout ce qui ſe préſente à lui
comme dangereux ? Tel a été le peuple. Mais
qu'eſt-ce qui a amené les eſprits à cette fermentation ? L'émigration de la Nobleſſe.

Quel en a été le réſultat ? Des mouvements
convulſifs perpétuels ; la déportation de tous
les Prêtres inſoumis ; les événements du 20
Juin, ceux du 10 Août ; le renverſement de
la Conſtitution de 1791 & du Trône ; la con-
damnation & le ſupplice du Monarque ; le
banniſſement perpétuel des émigrés ; la confiſ-
cation de leurs biens, le ſéqueſtre de ceux
de leurs peres & meres, la ruine de leurs

enfants ; la fufpicion de tous les ci - devant Nobles non émigrés ; l'anarchie , le maffacre , l'établiffement des Tribunaux révolutionnaires, dont l'atrocité fait horreur ; la guerre de la Vendée , les noyades de Nantes , les égorgements du Midi , la deftruction & les fufillades de Lyon ; le meurtre , organifé fur toutes les parties de la France ; une déprédation fans bornes , une guerre terrible : voilà quels ont été les fruits de l'émigration ; qu'elle contemple fon ouvrage !

Ces épouvantables barbaries , crie-t-on inconfidérément, font le réfultat de la révolution. Qui ignore que ces paffages révolutionnaires font toujours terribles ; que parmi les hommes qui ont les intentions les plus pures , il fe méle des factieux , des ambitieux, des anarchiftes , qui s'emparent des mouvements & les font fervir à leurs vues perfides ? Que s'enfuit-il ? Il falloit donc éviter cette révolution ; il ne falloit pas , par une conduite à rebours , la mener pas à pas comme par la main ; il ne falloit pas , par des démarches inconfidérées & continuellement répétées , fournir matiere à entretenir l'efprit du peuple dans l'exaltation ; il ne falloit pas fournir aux ambitieux , aux factieux , les moyens de s'en emparer & de dominer les amis de l'ordre. L'empire momentané de Roberspierre & de ses satellites, est l'effet produit par l'incorrigible & désastreuse inconséquence de ceux qui ont amené cet état. Ce sont les Gens de Cour, la Noblesse & le Clergé, qui ont enflammé la matiere, qui ont fourni les torches dont se sont emparés quelques brigands, pour porter l'incendie & la désolation par-tout : ils ont allumé le feu, quelques scélérats l'ont soufflé. L'horreur que je ressents pour ces monstres, ne m'empêche pas de voir ceux qui leur ont fourni les moyens d'assouvir cette rage san-guinaire. Le nouveau passage révolutionnaire a amené toutes ces horreurs ; mais les Gens de Cour & la Noblesse, en émigrant, ont amené le nouveau passage révolutionnaire. S'ils ne s'étoient pas conduits comme ils l'ont fait, Roberspierre, & les scélérats qui nous ont opprimés, n'auroient pas acquis cet empire (1).

____

(1) Que la masse des Nobles, des peres, meres, femmes & enfants d'émigrés, disent : » Rien de tout cela ne m'est personnel ; je n'ai eu nulle relation avec ceux qui ont conduit tout, qui y ont participé. Mon mari, mon pere, mon fils, sont émigrés sans mon consentement même contre mon vœu ; je n'en ai pas été le maître. « Je veux qu'il y en ait quelques-uns, même beaucoup, qui soient dans ce cas. C'est le malheur des coalitions, lesquelles entraînent des mesures générales qu'on est obligé de prendre pour se garantir & se conserver. Ces mesures ne

Que les Gens de Cour , la Noblesse & le Clergé se tournent de quelque côté qu'ils voudront , tout leur tiendra le même langage. Qu'ils descendent dans la fosse de Louis XVI, il leur dira : » C'est vous qui m'avez avili, détrôné , conduit à l'échafaud ; c'est vous qui, par le refus de contribuer aux charges de l'Etat , par vos conseils perfides , avez enflammé les esprits & occasionné les premiers meurtres révolutionnaires ; c'est vous qui m'avez fait perdre toute confiance, en me conseillant une fuite honteuse après les déclarations solemnelles que j'avois données ; c'est vous qui avez fanatisé l'Etat , en prétendant que , comme Prêtres , vous ne deviez pas vous soumettre aux devoirs du citoyen ; c'est vous qui , en émigrant , en soulevant les étrangers contre votre pays , avez culbuté mon Trône & m'avez donné

---

font encore qu'un effet des causes premieres qui forcent à y recourir. Ce n'est pas de ces mesures qu'on doit se plaindre, c'est de ceux qui les necessitent. On peut être fâché d'avoir fait partie d'une caste qui , en général, s'est donné tant de torts ; d'avoir eu des fils, des peres, des maris assez dénaturés pour susciter des ennemis à leur patrie, pour chercher à porter le fer & le feu dans son sein , ou d'avoir au moins paru participer à leur crime, en s'émigrant comme eux : c'est à eux qu'on doit imputer les événements.

la mort : j'étois foible, & vous m'avez rendu coupable. Qu'ils defcendent dans les tombeaux de toutes les victimes du paffage révolutionnaire, ils y entendront les mêmes reproches. Les uns leur diront : Nous avons fubi un jufte fupplice, pour nous être affociés à vos complots parricides ; les autres : C'eft votre délire qui nous a livrés aux affaffins. Qu'ils parcourent les champs de la Vendée, les décombres de Lyon, les rivages de Marfeille & de Toulon, il n'y a pas de toife de terrein dont il ne forte une voix fépulchrale, qui leur crie : C'eft ton orgueil, ton extravagance, ta folie, ta perfidie qui m'a mis ici.

» Qu'ils aillent vers nos frontieres, dans les marais de la Hollande, dans les plaines de la Belgique, de l'Allemagne, de l'Italie, tous lieux fameux par les exploits de nos guerriers, les champs engraiffés des corps que la guerre a moiffonnés, leur feront entendre les accents plaintifs de ces ombres valeureufes, qui, dans toutes les langues de l'Europe, leur reprocheront leur trépas. Qu'ils parcourent l'Europe entiere, il n'y a pas un peuple qui ne leur dife : Vois nos maifons, nos villes, nos chaumieres ravagées ; vois la fleur de notre jeuneffe moiffonnée ; vois la mifere, fuite de la dévaftation de nos champs ; vois les membres mutilés de

ceux qui ont échappé à la fureur des combats ;
vois tous les maux qu'entraîne après elle une
guerre terrible & malheureufe : voilà les fruits
empoifonnés de l'hofpitalité que nous t'avons
donnée. Portes ailleurs le venin de ton ap-
proche impure ; vas infefter d'autres climats
de l'air contagieux que tes pores exhalent. «

Voilà ce qu'ont fait les Gens de Cour,
la ci - devant Nobleffe & le Clergé : ils ont
troublé la paix de leur Patrie & celle du
monde. C'eft leur conduite irréfléchie & coupable qui a produit tous ces maux. La mefure
eft-elle au comble ? Las enfin d'être les fléaux
de la terre, vont-ils fe repofer fur leurs cyprès?
Non. Ils ont détruit l'ordre précédent ; leur
opiniâtre perfévérance va tenter de détruire le
nouveau, fous lequel nous fommes enfin réunis.

Après fept années de commotions, de bou-
leverfements, une Conftitution fortoit du fein
des orages, & promettoit un Gouvernement
tranquille & régulier ; c'eft ce moment que
choififfent les Gens de Cour, la Nobleffe &
le Clergé pour s'emparer des premieres affemblées primaires de Paris, & diriger les pas
de gens égarés contre la Convention : ils font
immoler à leur rage deux mille citoyens dans
ce combat fatal (1).

---

(1) J'ai entendu dire à quelques-uns que, lorfqu'on

Les ci-devant Nobles, déjoués pour le moment dans ce projet, ne l'ont point abandonné; ils ont calculé que le temps ameneroit ce qu'ils avoient voulu presser : ils ont ourdi une coalition d'un machiavélisme profond pour s'emparer des élections en Germinal an V.

On commençoit à sentir le prix de l'ordre. Le Gouvernement marchoit au-delà de ce qu'on devoit espérer de la situation des choses dans le moment où on lui avoit remis les rènes. Triomphant par-tout, des paix successives & des alliances avantageuses, promettoient bientôt le retour tant desiré de la paix générale. Le seul ennemi qui lui restât sur le continent,

---

marcha le 10 Vendémiaire, ce n'étoit pas pour se porter contre la Convention, mais pour la défendre. Pour la défendre, de qui ? lorsque personne ne la menaçoit. Il est très-possible, même très-vrai, que le grand nombre ne savoit pas où il alloit, ni à quoi on le destinoit ; qu'il a été la victime malheureuse de l'intrigue à laquelle on le faisoit servir : c'est une raison pour convaincre les citoyens qui n'ont pas de mauvaises intentions, qu'ils doivent se mettre en garde contre les intrigants, qui les dupent, les compromettent & les sacrifient à leurs passions. On ne vouloit pas que les deux tiers de la Convention restassent au nouveau Corps légiflatif, parce qu'on les regardoit comme propres à affermir le Gouvernement, qu'avec un Corps légiflatif tout neuf on se regardoit comme sûr de détruire.

étoit aux abois, & la perfide Angleterre, hors d'état de supporter seule le fardeau, devoit bientôt voir humilier son orgeuil (1). L'abondance avoit succédé à la famine la plus affreuse; les Manufactures nationales reprenoient, la tranquillité se rétablissoit, des jours sereins succédoient aux tempêtes; la ci-devant Noblesse restée en France y jouissoit d'une vie tranquille; la Loi ne les distinguoit en rien des autres citoyens; tout lui promettoit, dans ce calme heureux, un oubli des maux & des torts passés, ou plutôt ils étoient oubliés. Les imprudents! ils ont cherché a rallumer le feu éteint! ils ont remué des cendres qui pouvoient reproduire un embrâsement!

Les Gens de Cour, la Noblesse & le Clergé, restés dans l'intérieur (2), ligués avec les émi-

---

(1) La paix seroit faite depuis long-temps avec l'Angleterre, si son Gouvernement n'espéroit tirer parti des trahisons que les émigrés, d'accord avec une partie de la ci-devant Noblesse, machinent dans l'intérieur. Ce sont les émigrés, & cette partie coalisée avec eux, qui y mettent obstacle : si on ne comptoit pas sur eux, nous l'aurions. L'intérêt du Gouvernement est la tranquillité & la paix; le leur, est la guerre & le trouble.

(2) J'observe que je ne parle point de cette partie du Clergé soumise aux Lois dont la maxime, conforme à celle de son fondateur, est que la religion n'est point faite pour troubler le monde, mais pour le consoler. Je n'en-

grés, & par un plan combiné avec eux , ont cherché à renverfer la Conftitution nouvelle, en fe fervant de fes propres moyens.

Pour y parvenir , on les a vu travailler pendant dix-huit mois à avilir dans l'efprit public le Corps Légiflatif & le Pouvoir Exécutif ; s'attacher à calomnier tous les hommes probes qui avoient occupé quelques fonctions pendant *la* Révolution, & les fonctionnaires en place ; foudoyer par-tout des libelles orduriers vendus à leur cabale : ils fe font fervis de la protection des Lois pour porter à fon terme la machination qui devoit les détruire ; ils ont excité le fanatifme & cherché a rallumer fes torches ; ils ont rendu odieux les acquéreurs de Domaines Nationaux , dont les deniers ont fourni des reffources à l'Etat dans fes plus extrêmes befoins ; ils ont fait plus , ils ont cherché à attirer la haine fur les défenfeurs de la Patrie : il fuffifoit d'avoir ce titre de gloire , pour être un objet d'abjection & de mépris.

Rage impuiffante , qui ne peut rien ôter à l'admiration

---

tends parler , par ce mot générique , que de ceux qui, réfractaires aux Lois, ont tâché de fecouer les torches du fanatifme, qui font des loups déguifés en pafteurs, qui ne cherchent , fous cet habit trompeur , qu'à déchirer le troupeau.

l'admiration du monde entier ! nos intrépides guerriers ont rendu le nom Français recom-mandable chez toutes les Nations ; il n'y a qu'en France où il se trouve encore des gens qui font vanité de le méprifer : mais que peut cette poignée d'infeêtes qui rongent inutilement la terre qui leur donna l'exiftence ? Ce n'eft pas dans ces ridicules poupées qu'on voit un Peuple, c'eft fur fa maffe laborieufe, induftrieufe, inf-truite, qu'on fixe les regards : le refte n'eft que le Gay qui fe trouve implanté fur un beau chêne, dont la parafite exiftence à laquelle on ne fait pas attention, n'empêche pas le paffant étonné d'admirer la vigueur & la majefté du grand arbre. Une Nation dont l'énergie fur-monte tous les obftacles d'une révolution fou-gueufe, qui, malgré les orages & les fecouffes de fon intérieur, établit chez elle un Gouvernement libre, combat pendant cinq ans l'Europe coa-lifée, l'étonne par fes viêtoires, & finit par lui donner des Lois, a acquis dans tous les fiecles le nom de *la Grande Nation* ; & les guerriers qui ont opéré ces prodiges, ont ac-quis l'immortalité. Que cette Nobleffe ridicu-lement orgueilleufe, fans laquelle tout cela s'eft fait, fe juge donc enfin ; qu'elle fente que la France n'a pas befoin d'elle pour fa gloire, mais qu'il eft glorieux pour elle de faire partie d'un Peuple auffi grand que le Français. Qu'on me pardonne cet écart. J'en reviens à la fuite de mes obfervations.

Qu'a produit à la ci-devant Nobleffe fa derniere manœuvre ? Elle eft parvenue à porter dans le Corps Légiflatif une maffe d'hommes dévouée à fes projets : à peine arrivés dans l'enceinte du Sénat Français , ils ont pris à tâche de relâcher tous les refforts du Gouvernement ; de le laiffer fans finances ; de lui retirer piece à piece tout fon pouvoir : on a fait planer fur lui le foupçon odieux d'une confpiration liberticide à laquelle on affocioit les Généraux & les Armées. L'Allemagne atterrée ne pouvoit plus refufer la paix continentale que fon vainqueur lui-même offroit au milieu de fes triomphes ; mais elle retardoit à la conclure, par l'attente de l'iffue qu'auroit la coalition intérieure, dont les intérêts étoient liés avec les fiens (1).

---

(1) C'étoit dans le même temps que le Lord Malmefbury étoit à Lille, pour traiter de la paix au nom de l'Angleterre. Il falloit y mettre des obftacles , & rien ne pouvoit mieux réuffir à la coalition, que d'accufer le Directoire de perfidie. Si l'Anglois n'eut pas compté fur ces manœuvres, il y a tout lieu de penfer qu'il eût adhéré aux propofitions qu'on lui faifoit. Les ci-devant Gens de Cœur, les Nobles & le Clergé, qui fe réuniffoient pour former cette cabale , font non-feulement coupables de tout le fang qui a coulé , mais de celui qui peut fe répandre encore.

La contre-révolution marchoit à grands pas ; on ne s'en cachoit plus : les conjurés, sûrs de réussir, établissoient déjà leur terrorisme, & marquoient, sans déguisement, les nombreuses victimes qu'ils devoient immoler à leur rage vindicative.

Imbécilles faiseurs de projets ! plus imbécilles encore, hommes crédules, qui vous laissez entraîner à l'espoir extravagant que vous présenten sans cesse ces chevaliers errants ! pensez-vous donc qu'un Gouvernement organisé se laisse ainsi culbuter, sans recourir aux moyens, *quels qu'ils soient*, de conserver son existence ? Ne tuons-nous pas l'assassin qui s'étant introduit chez nous, sous le masque de l'intérêt, fait la tentative de nous égorger ? Dans ce cas, on n'est plus en état social, on se trouve en état de guerre ; on sort de la regle ; rien n'est permis pour l'oppression ; tout le devient pour le salut.

Une nuit a brisé cette trame ourdie avec tant d'habileté & de soins. Son résultat a été la déportation d'un nombre de gens qui s'étoient dévoués à ce parti (1) ; celles des libellistes qui

____

(1) Comment se peut-il que les ci-devant Nobles trouvent encore de ces gens bas qui les servent ? Qu'on examine bien ; ce ne sont jamais eux qu'ils mettent en avant, ce sont des hommes qu'ils méprisoient hier, qu'ils caressent aujourd'hui, & qu'ils ne regarderoient pas demain

fe fervoient fi fcandaleufement de leur plume
vile & vénale ; celle du refte des Bourbons qu'on
laiffoit encore tranquillement exifter fur leur
terre natale. Ce réfultat a été le retour à la
grande rigueur des Lois fur les Prêtres déportés,
qui, faifant caufe commune, & rentrant de toutes
parts, prêtoient l'appui du fanatifme aux trames
de la trahifon. Ce réfultat a été le retour à la
févérité de l'exécution des Lois fur les peres,
meres & enfants d'émigrés ; le refferrement de
tous les partis d'allégeance & de douceur auxquels on fembloit fe porter à leur égard. Ce réfultat a été la privation de toute la ci-devant

---

s'ils réuffiffoient. Qu'on remarque ceux qu'ils ont envoyés
ou placés pour faire les tentatives dont ils prévoyoient
le danger : ce font par-tout d'anciens plébéïens, accoutumés à courber la tête, qui ne voient pas qu'on les en-
voie, comme fentinelles perdues, pour recevoir les coups,
fi les événements en procurent, & que MM. les Nobles
fe réfervent les profits, s'il y en a quelques-uns à revenir. Ces plébéïens dupes ne favent pas qu'entr'eux les Nobles en rient, & difent :

Qu'importe qu'au hafard un fang vil foit verfé !

Si on a mêlé quelques Nobles avec les autres, ce font
de ces fous un peu plus audacieux dont on ne fait pas grand
cas, & qu'on abandonne au hazard. Ceux qui fe croient
valoir quelque chofe, ont foin de fe tenir fous le rideau,
tout prêts à fe montrer quand il n'y aura plus rien à
craindre.

caſte des Nobles , des droits de citoyen (1). Ils ſont devenus étrangers à leur propre patrie : en effet, ceux qui la trahiſſent méritent de n'en point trouver. A quoi a-t-il tenu même *qu'ils n'aient été tous déportés* , qu'on ne les ait envoyé rejoindre ces chers émigrés , jouir avec eux du noble plaiſir d'être le rebut des Nations étrangeres qu'ils fatiguent , & chez leſquelles ils traînent l'opprobre & la miſere ? La meſure de cette déportation générale étoit ſans doute extrême ; mais quand , après neuf ans de luttes , d'expériences , de leçons , on ne perd point le deſir & la volonté de troubler & de nuire ; quand la même Caſte renouvelle toujours ſes projets perturbateurs ; qu'on eſt convaincu , par les faits conſtants , qu'un Etat ne ſera jamais tranquille avec elle , n'eſt-on pas obligé quelquefois d'en venir à ces meſures extraordinaires qui répugnent , mais que la néceſſité fait adopter ? On crie contre ceux qui les ordonnent , tandis qu'on devroit crier contre ceux qui les attirent. Elles enveloppent toujours nombre de gens tranquilles , au moins foibles & dupes (2).

---

(1) On a , avec juſtice , fait une exception pour ceux qui avoient ſervi dans les Armées , rempli des fonctions & montré un attachement ſincere à l'ordre & à la paix intérieure.

(2) Il y a des hommes , dans la caſte de la ci-devant

Quand ces individus, véritablement malheu-
reux, fe trouvent enveloppés dans une mâffe
à laquelle ils ne tiennent que par la naiffance
& non par les manœuvres, l'humanité en fouffre ;
mais combien la confervation de l'état focial n'ap-
porte-t-elle pas, à certains individus particuliers,
de fouffrances dont l'humanité gémit également ?
La guerre, fans doute, détruit des hommes,
fouvent des plus précieux & toujours fort innocents : faudra-t-il, dans la crainte d'en perdre
quelques-uns, laiffer l'ennemi s'emparer de nos
maifons, de nos moiffons, de notre commerce,
de nos poffeffions, de toutes nos richeffes, de
notre liberté même ? A qui de pareilles idées font-
elles jamais venues ? Les facrifices d'hommes
qu'ont fait dans la guerre font fans doute dou-

Nobleffe, qui vous difent : » Je ne me mêle de rien ; je ne
veux pas entendre parler de tout cela ; je n'ai nulle relation avec ces intrigants ; je ne fuis pour rien dans ces
projets de contre-révolution, s'ils exiftent. « N'eft-ce donc
rien faire pour eux que d'aller coopérer à la nomination
de ceux qui doivent les exécuter, comme on l'a fait dans
les affemblées de Germinal dernier ? On dit qu'on n'eft pas
caufe du mal, quand on lui prête fon appui ! Ces intrigants
auroient-ils eu l'avantage, fi les ci - devant Nobles en
maffe, réunis à quelques adhérents, ne s'étoient pas rendus les exécuteurs paffifs du projet ? Que ce foit foibleffe,
inconfidération, défaut de réflexion, cela peut être : mais
voilà comme on s'attire des malheurs.

loureux, mais la néceffité générale y force. Je ne dis pas qu'il y ait néceffité de chaffer les Nobles de France ; mais, enfin, fi par les circonftances qu'ameneroient des manœuvres perpétuelles, & impoffibles autrement à réprimer, cette néceffité venoit à exifter, ne feroit-ce pas un parti qu'il faudroit définitivement prendre, quelque douleur qu'on reffentît à s'y porter ? Quels feroient les coupables des maux que fouffriroient les innocents ? Seroit-ce ceux qu'on auroit obligés à avoir recours à cette mefure devenue indifpenfable, ou bien ceux qui auroient conduit les chofes à l'impérieufe obligation d'y recourir ?

Les ci-devant Nobles, conduits par un parti d'ambitieux qui voudroient, pour leur intérét perfonnel, & non pour le bien focial, rétablir le régime profcrit, doivent fe pénétrer de cette vérité. Ce n'eft pas le Gouvernement qui eft leur ennemi ; il eft au contraire leur appui ; il protege leurs propriétés, leurs perfonnes, comme celles de tous les citoyens. Le Gouvernement ne demande que de la tranquillité, & point d'intrigues fubverfives de l'ordre établi. Leurs véritables ennemis font ces intrigants qui, par des vues d'ambition, d'orgueil ou de vengeance, les engagent à favorifer leurs manœuvres, à tenter une révolution nouvelle, qui les expofent aux mouvements convulfionnaires d'un pareil état. Leurs ennemis font ces intrigants, nés pour le malheur du monde, qui fe foucient peu de facrifier tout ce qu'ils employent, pourvu qu'ils parviennent à troubler, s'ils ne peuvent réuffir à renverfer.

Que la ci-devant cafte Noble envifage à quoi, dans tous les cas, elle s'expofe. Elle a couru le rifque d'une déportation générale, en échouant dans fon projet : fuppofant qu'il eût réuffi, qu'elle fut venue à bout de faire égorger le Directoire & une partie des Confeils, s'imagineroit-elle qu'elle ne fe fut pas trouvée expofée à des dangers auffi grands ? Quel homme affez borné peut croire qu'une commotion auffi violente auroit eu lieu fans rien ébranler ? Penfe-t-on donc qu'il ne s'agit, en révolution ou en contre-révolution, que de pofer tranquillement un portrait à la place du tableau qu'on a brifé ? Ces renverfements ne peuvent fe faire fans mettre les efprits en fermentation : qui peut deviner ce qu'elle produira ? Dans ce choc des paffions qu'enfante l'ambition, l'inquiétude, l'efpoir & la crainte, peut-on s'affurer de la direction que prendra la maffe ? Quand on auroit des préfomptions, qu'on croiroit même avoir des certitudes de la tenir dans fon parti, n'eft-elle pas vacillante comme les flots de la

mers qui obéiſſent à tous les vents qui les pouſ-
ſent ? On ſe croit des partiſans en grand nombre , parce qu'on ſe voit renforcé d'une eſ-
pece d'opinion générale irréfléchie , qui deſire
toujours ce qu'elle n'a pas , & n'eſt jamais con-
tente de ce qu'elle a ; mais quand la commotion
amene l'événement , la majorité réfléchit ſur les
nouveaux dangers qu'elle va courir.

Ces nouveaux enrichis qui , pour ſe donner
un ton de Nobleſſe , crient plus fort que les
autres contre le nouvel ordre , en voyant de
près les perſécutions dont ils ne pourroient
manquer d'être les victimes , ſi l'ancien état
pouvoit revenir , ne feroient-ils pas *comme le
bûcheron qui appelloit la mort ?* Croit-on que
ces femmelettes qui hier n'étoient rien , &
qui font aujourd'hui tout le brillant de nos nouveaux cercles , ennemies apparentes de la République , parce que c'eſt le ton du jour ; qui
enchaînent autour d'elles ce mépriſable amas
de jeunes étourdis qui ſont leurs ſinges & leurs
perroquets , ne ſentiroient pas bien que le retour de l'ancien régime rejetteroit leur exiſtence
dans le néant dont le nouveau l'a tirée ? Quel
appui que celui de ces petits inutiles qui , lorſqu'ils ont battu des mains à la tirade royaliſte
d'une ſcene de théatre , penſent avoir terraſſé
tous les républicains , vantent cette action comme

un triomphe éclatant, s'imaginent furpaffer nos guerriers en valeur , & effacer la gloire des victoires de *Bonaparte* ? Quel fond faire fur ces petits porteurs de collets noirs qui , au moindre choc , les portent au tailleur pour les détacher ?

Et le Peuple ! car c'eft lui feul qui fait les révolutions ; le peuple qui depuis la compreffion des anarchiftes qui l'excitoient contre tout ce qu'ils vouloient perdre , eft refté calme & tranquille ; ce peuple, que la ci-devant Nobleffe, à l'imitation de ces anarchiftes , a cherché à exciter depuis contre les purs républicains, les plus amis de l'ordre , qu'elle a voulu lui faire confondre avec les déforganifateurs ; ce peuple , dit-je , ne craint-on pas qu'il n'entende encore la voix de celui qui voudra lui dire : » Les ci- » devant Nobles veulent te réaffervir , te con- » duire , comme autrefois, à coups de fouet ; » faire repefer fur toi la perfécution des Aides » & de la Gabelle ; te faire fupporter feul les im- » pôts , dévafter les récoltes par un gibier facré » auquel tu ne pourras toucher , fous peine des » Galeres : ce font les ci-devant Nobles , tes » éternels ennemis , tes oppreffeurs dans tous » les temps, & non les républicains, tes amis, qu'il » faut frapper ? « Croit-on que fi la néceffité y forçoit, cent mille voix ne le répéteroient pas,

& que le peuple ne l'entendroit pas ? Imprudents, le lion dort, & vous voulez le réveiller !

Savez-vous contre qui tournera sa colere ; si ce n'est pas vous qu'il doit dévorer ? Et les armées qui ont fait trembler nos ennemis, pense-t-on qu'elles perdroient le fruit de leurs victoires, & qu'elles ne feroient pas trembler les traîtres ?

Mais allons plus loin, & supposons que la ci-devant Noblesse se fût trouvée en force ; ces républicains, ce nombre énorme d'acquéreurs de Domaines Nationaux, que le projet étoit de sacrifier, se feroient-ils laissé égorger & dépouiller comme des moutons ? Le danger auroit réuni leurs forces ; la nécessité leur eût inspiré le courage ; les anarchistes eux-mêmes, qui les haïssent, mais qui les craignent moins qu'ils ne craignent les Nobles, parce qu'ils les regardent comme moins vindicatifs, leur auroient prêté leur secours. Si on eût fait massacrer d'un côté, on auroit fait massacrer de l'autre : l'égorgement pouvoit devenir général, & nul n'eût été assuré de sa vie & de son existence.

Qu'on ne s'y trompe pas ; si la contre-révolution, par impossible, pouvoit arriver, ceux qui n'ont vu que les atrocités du passage révolutionnaire n'auroient rien vu. Une guerre civile à mort, aigrie par la rage & les vengeances accompagnées de cruautés inouies & de toutes les horreurs, en seroient le résultat. Ce ne seroit point, à proprement parler, une guerre, mais une extermination épouvantable & réciproque; une fureur atroce qui n'auroit point de bornes, & dont on ne pourroit prévoir le terme.

Nobles partisans du royalisme, voulez-vous jouir de ce spectacle ? Cet état de choses vous plaît-il ? Vous l'aurez, si vous pouvez jamais effectuer les projets de ceux qui vous excitent.

Eclairée par le passé, la ci-devant Noblesse restée en France, se convaincra-t-elle que son intérêt propre, son salut actuel, comme celui de tous, est dans la conservation du Gouvernement établi ? La déportation à laquelle elle a été exposée, la corrigera-t-elle de manœuvrer encore ? Si elle s'opiniâtre & persiste dans ces désastreux projets, que lui arrivera-t-il enfin ?

Je ne saurois répondre aux deux premieres questions; les événements passés à cet égard ne peuvent permettre d'avoir d'idées de l'avenir. Quant à la troisieme, j'imagine en voir à peu près la solution.

Si la ci-devant Noblesse profite des leçons précédentes, & se tient tranquille, je réponds qu'elle le sera; elle vivra sous la protection des lois comme les autres citoyens; tous ses malheurs sont passés.

Si elle continue à se livrer à des intrigues, ou

à les fervir, à vouloir culbuter le Gouvernement
actuel, je prévois deux cas : ou le Gouvernement, affez préparé, déjouera & terraffera la
manœuvre, fans commotion, avec la facilité
qu'il l'a fait le 18 Fructidor, & alors les ci-devant
Nobles ne feront que *déportés*.

Si le Gouvernement, par hazard, ce que je
ne penfe pas, n'étoit pas affez préparé pour
réprimer & atterrer la chofe fans une commotion violente, je ne peux dire quel feroit le fort
de la Cafte ci-devant noble ; elle cauferoit des
maux, mais je tremblerois pour elle.

Je n'ai point écrit ces obfervations pour la
rendre odieufe : mon defir eft la paix & l'ordre.
Je plains tous les égarements ; celui des ci-
devant Nobles prend fa fource dans des préjugés d'éducation qui font difficiles à détruire.
C'eft réellement un malheur que cette éducation fauffe. On leur a dit qu'ils étoient des
hommes d'une efpece différente ; cette idée s'eft
naturalifée chez eux : on leur a appris à dire
mon Roi pour *mon Pays* ; ils n'ont cru avoir
qu'un Roi, ne devoir être attachés qu'à un
Maître : ils n'ont pas eu l'idée de *Patrie*.
Accoutumés aux titres de *Duc*, *Marquis*,
Comte, *Chevalier*, *Ecuyer*, celui de CITOYEN
eft un langage barbare & nouveau pour eux.
Nous devons compatir à ces foibleffes ; nous

devons chercher à les ramener par des raisons ; & non les tourmenter par des persécutions & des injures. C'est le seul motif qui m'a fait écrire. L'expérience, quand elle est accompagnée de réflexions qui la fixent, peut réformer des préventions ; & quand l'intérêt personnel se joint aux observations, il est possible qu'elles deviennent utiles. C'est donc pour la ci-devant Noblesse, & non contr'elle, que j'ai pris la plume. Puisse-t-elle voir tous ses torts, & concevoir enfin qu'on n'a de sûreté & de bonheur que dans la tranquillité ! Que d'ailleurs peu importe qu'on soit gouverné par un homme perché sur un trône, ou par cinq hommes assis dans des fauteuils.

Qu'on pense comme on voudra sur la grande question politique de savoir lequel est préférable du Gouvernement monarchique ou du républicain ; ce que l'intérêt social dicte, ce que tout homme qui n'est pas égaré par les passions sent, est qu'une révolution à traverser est le fléau le plus funeste, & qu'on doit garder le Gouvernement qu'on a. Si les Nobles désiroient garder l'ancien quand il existoit, ils ne devoient donc pas faire précisément tout ce qu'il falloit pour le détruire. Maintenant qu'ils ont fait eux-mêmes la chose sans le vouloir ; qu'un autre Gouvernement est établi, tous les gens sages

de leur Caste doivent s'y rallier , s'ils ne veulent pas se replonger dans d'incalculables malheurs , dont la précédente révolution leur a
donné l'exemple , sans leur avoir encore donné
la mesure de ce qui pourroit arriver (1).

Nous allons incessamment renouveller le tiers
de notre Corps législatif & nos Fonctionnaires.
Je ne sais si les manœuvres de l'année derniere subsistent encore ; si la société se prétendant *ennemie des anarchistes , & la cotterie des
enfants légitimes* , est assez aveugle pour rete-
nir sa partie liée , ou si elle est dissoute. Tout
ce que je crois , c'est qu'elle ne pourroit faire
que beaucoup de mal. L'éloignement des anarchistes est à désirer pour tout le monde. On n'a

---

(1) Outre les dangers du passage révolutionnaire &
l'incertitude qui les accompagne , la ci-devant Noblesse
restée en France , que les émigrés réclament aujourd'hui ,
seroit demain leur victime si la contre-révolution se faisoit. Ils lui reprocheroient de n'avoir point partagé le
crime dont ils se feroient un motif de gloire ; ils regarderoient les ci-devant Nobles restés comme des faux freres
& des lâches. Les ambitieux sont bas dans le besoin ,
insolents dans la réussite. Les persécutions , le mépris ,
l'humiliation & les dédains , feroient le prix du secours
qu'on peut aujourd'hui leur procurer. Les ci-devant Nobles
restés , sont peut-être maintenant les plus intéressés au
maintien de la chose actuelle.

pas befoin de former de coalition pour cela ; ce fentiment eft dans tous les cœurs. Si quelque chofe pouvoit les tirer du mépris qui les couvre, & reffufciter leur pouvoir, ce feroit le befoin qu'on croiroit en avoir. Les Gens de Cour, la ci-devant Nobleffe & le Clergé, ont déjà beaucoup affoibli la haîne qu'on leur portoit. C'eft encore un mal qu'ils ont fait ; c'eft un rifque qu'ils courent de retomber dans leurs mains. Qu'ils réfléchiffent que les emplois ne peuvent refter vacants ; qu'en dégoûtant les gens honnêtes par des perfécutions, il faudra néceffairement les remettre à des coquins : c'eft à quoi on tend en dénigrant les vrais Républicains, & en affectant de les confondre avec eux. C'eft dans les Républicains fûrs, mais probes, mais éprouvés, mais amis de l'ordre, qu'eft le falut ; c'eft dans eux que les anarchiftes trouveront leur répreffion, & la ci-devant Nobleffe tranquille, fa fûreté avec la fûreté publique.

F I N.